DAS SPANISCHE KOCHBUCH

Impressum

Das spanische Kochbuch
Copyright © by area verlag gmbh, Erftstadt
Alle Rechte vorbehalten
Autorin: Carmen Rodriguez
Einbandabbildung und Foodfotos: Paul LeClaire Fotostudio
Länderfotos: ID-Image Direkt GmbH, Klaus Teuber
Layout: Peter Mebus für Nova Libra, Köln
Satz: Peter Mebus für Nova Libra, Köln
Umschlaggestaltung: Sabine Rummel für Nova Libra, Köln

Printed in Slovenia 2005

ISBN 3-89996-680-5

www.area-verlag.de

VORWORT

Spanien – eines der beliebtesten Urlaubsländer der Deutschen – ist kulinarisch so vielfältig wie das Land selber. Das bekannteste Gericht, das so mancher Urlauber mit dem Land in Verbindung bringt, ist sicher die Paella, dazu das typische Getränk Sangria, die erfrischende Rotweinbowle. Beides ist in den touristischen Hochburgen überall erhältlich und wird fälschlicherweise gerne als Grundstein der spanischen Küche betrachtet. Dabei hat Spanien darüber hinaus weit mehr zu bieten.

Madrid

Madrid mit etwa fünf Millionen Einwohnern ist die Hauptstadt des Landes und sowohl ein wirtschaftliches als auch ein kulturelles Zentrum.
Zuwanderer aus allen Provinzen bevölkern die Stadt und spiegeln die Kultur des ganzen Landes wider. In der Altstadt Madrids werden Spezialitäten aus allen Regionen der Halbinsel angeboten, und der Besucher hat hier die sprichwörtliche Qual der Wahl.

Land und Leute

Spanien zählt etwa 40 Millionen Einwohner mit vier verschiedenen Sprachen (Galizisch, Kastilisch, Katalanisch, Baskisch) und unterteilt sich in siebzehn Regionen mit den unterschiedlichsten Landschaften. Den Hauptanteil mit über 72 % macht die kastilisch sprechende Bevölkerung aus.

Die Halbinsel grenzt im Nordosten an Frankreich und Andorra, im Westen an Portugal. Zu Spanien gehören außerdem die Balearen und die Kanarischen Inseln.

3

Man kann sich leicht vorstellen, dass diese unterschiedlichen Landschaften – vom waldreichen Katalonien bis hin zu den auf der Höhe von Afrika gelegenen Kanarischen Inseln – eine Vielfalt an Genüssen bieten.

Die Geschichte

Darüber hinaus wurde im Laufe der Geschichte Spanien von vielen Völkern erobert. Als besonders nachhaltig hat sich die jahrhundertelange Herrschaft der Mauren erwiesen, deren Wirken sich noch heute in der Architektur, wie z. B. der Alhambra in Granada, und an den Kochgewohnheiten des Landes verfolgen lässt. Aber auch die Pilger auf ihrer Wanderung nach Santiago de Compostella brachten Einflüsse und Anregungen für die spanische Küche aus den verschiedensten Ländern mit. Nicht zu vergessen die Eroberer der „Neuen Welt", die von ihren Seefahrten nicht nur Gold mitbrachten, sondern auch Wirtschaftsgüter, Pflanzen und vor allem unbekannte Gewürze wie Pfeffer und Zimt.

Das Meer

Da Spanien von drei Seiten vom Meer umschlossen ist, stellen Fische und Schalentiere einen wichtigen Bestandteil der täglichen Tafelfreuden dar. Merluza (Seehecht), Lenguado (Seezunge) und die Zarzuela (Eintopf aus Fisch und Meeresfrüchten) sind in ganz Spanien bekannt und geschätzt. Ebenso finden sich in jeder Kneipe oder Bodega die beliebten Tapas (Appetithäppchen). Sie reichen von einem Schälchen würziger Oliven bis hin zum delikaten Jamón

Serrano (luftgetrockneter Schinken), der in hauchdünne Scheiben geschnitten gereicht wird. Ein Glas Sherry oder Vino Tinto runden den Genuss für den anspruchvollsten Feinschmecker ab.

Die Regionen

Jede der einzelnen Landesregionen wartet natürlich mit eigenen Spezialitäten auf:

Katalonien mit seiner wunderbaren Crema Catalana (Karamellcreme), Valencia mit der berühmten Paella, der Obstgarten von Andalusien mit seinen Apfelsinen, Zitronen und Olivenhainen.

Das eher feuchte galicische Klima sorgt für saftige Weiden und damit für hervorragendes Rindfleisch. Kräftige Eintopfgerichte und eine Fülle von Kuchen und Süßspeisen zeigen den kulinarischen Reichtum dieser Region.

Papas arrugadas (Runzelkartoffeln) mit Mocho Picón (scharfe rote Paprikasauce) sind eine Spezialität der Kanaren. Im warmen Lavagestein wachsen die Kartoffeln heran, werden in grobem Meersalz gekocht und mit einer scharfen Sauce serviert. Dieses einfache Gericht bildete neben dem Gofio, geröstetem, gemahlenem Getreide, die Grundnahrung der Guanchen, der Ureinwohner der Kanaren.

Wir hoffen, dass dieser kulinarische Spaziergang durch Spanien und seine Provinzen Ihre Neugier entfacht, und wünschen viel Spaß und Genuss beim Nachkochen der spanischen Spezialitäten.

Guten Appetit – ¡Buen provecho!

INHALT

Carpaccio vom Kabeljau

Tomatensalat

Datteln im Speck

Garnelen mit Knoblauch

Tintenfisch mit dicken Bohnen

Dicke Bohnen mit Schinken

Vorspeisen & Salate

CARPACCIO VOM KABELJAU

CARPACCIO VOM KABELJAU

Für 4 Personen
Zubereitungszeit: 20 Min. (ohne Wartezeit)

ZUTATEN

750 g Kabeljaufilet
1/2 Tl schwarze Pfefferkörner
1/2 Tl rote Pfefferkörner
2 El Zitronensaft
Salz
3 El Olivenöl
2 unbehandelte Zitronen

Vorbereitung

Den Fisch waschen, abtrocknen und in einer Folie 2 Stunden im Gefrierfach anfrieren lassen. Die Folie entfernen und den Fisch mit einem sehr scharfen Messer in hauchdünne Scheiben schneiden. Pfefferkörner in einem Mörser zerstoßen.

Zubereitung

Die Scheiben schuppenförmig auf vier Teller verteilen, mit Zitronensaft säuern, salzen und den Pfeffer über den Fisch streuen. Das Olivenöl darüber träufeln.

Servieren

Die Teller zu Tisch bringen und mit einer halben Zitrone garnieren. Noch kalt servieren.

INFO

Lassen Sie den Fisch gut anfrieren, nur so lässt er sich in feine Scheiben schneiden.

TOMATENSALAT

TOMATENSALAT

Für 4 Personen
Zubereitungszeit: 15 Min.

ZUTATEN

1 Zwiebel
3 Knoblauchzehen
1 Fleischtomate
2 El Essig
Salz
Schwarzer Pfeffer
aus der Mühle
1 Prise Kreuzkümmel
4 El Olivenöl
500 g Tomaten
1 El gehackte glatte
Petersilie

Vorbereitung

*Zwiebel und Knoblauch schälen und klein hacken. Mit der klein geschnittenen Tomate in einen Mörser geben und zerstampfen. Mit Essig, Salz, Pfeffer und Kreuzkümmel würzen. Das Olivenöl unterarbeiten.
Die Tomaten waschen, abtrocknen und in Stücke schneiden.*

Zubereitung

Die Tomaten in eine Salatschüssel geben und mit dem Tomatendressing begießen. Gut untermischen und mit Salz abschmecken.

Servieren

Vor dem Servieren die glatte Petersilie darüber streuen und nochmals alles miteinander vermischen.

INFO

Frische Strauchtomaten sind am schmackhaftesten.

DATTELN IM SPECK

DATTELN IM SPECK

Für 4 Personen
Zubereitungszeit: 20 Min./Bratzeit: etwa 3 Min.

Vorbereitung

Die Speckscheiben halbieren. Die Datteln mit je einer Scheibe Speck fest umwickeln und mit einem Zahnstocher fixieren. Knoblauchzehen schälen und halbieren.

Zubereitung

In einer Pfanne das Olivenöl erhitzen und die Knoblauchzehen darin anbraten. Darauf achten, dass der Knoblauch nicht verbrennt, da er sonst bitter wird. Knoblauch aus der Pfanne nehmen. Die eingewickelten Datteln im Knoblauchöl goldbraun ausbacken und mit Pfeffer und Salz würzen.

Servieren

Die Datteln im Speck auf einer Platte anrichten und als Entree servieren.

ZUTATEN

12 Scheiben
geräucherter Speck
24 getrocknete Datteln
2 Knoblauchzehen
3 El Olivenöl
Schwarzer Pfeffer
aus der Mühle
Salz

INFO

Anstelle der Datteln können Sie auch Backpflaumen verwenden.

GARNELEN MIT KNOBLAUCH

GARNELEN MIT KNOBLAUCH

Für 4 Personen
Zubereitungszeit: 20 Min./Bratzeit: 3 Min.

ZUTATEN

600 g rohe Garnelen
2 rote Chilischoten
8 Knoblauchzehen
200 ml Olivenöl
Salz
Schwarzer Pfeffer
aus der Mühle

Vorbereitung

Garnelen von der Schale befreien. Mit einem scharfen Messer den Rücken aufschlitzen und den schwarzen Darm entfernen. Unter fließendem kalten Wasser abspülen und trockentupfen. Die Chilischoten längs aufschneiden und entkernen. Vorsicht, sehr scharf! Nicht mit den Händen in die Augen kommen. Knoblauchzehen schälen und in dünne Scheiben schneiden.

Zubereitung

Olivenöl in einer Pfanne erhitzen. Chili, Knoblauch und Garnelen hineingeben, etwas salzen und pfeffern und bei starker Hitze etwa 3 Minuten braten.

Servieren

Die Knoblauchgarnelen sofort heiß servieren. Dazu frisches Stangenweißbrot und einen gut gekühlten Weißwein reichen.

INFO

Um nach dem Essen die Fingerspitzen zu säubern, empfehlen sich ein Schälchen mit Zitronenwasser und eine Serviette.

Tintenfisch mit dicken Bohnen

Für 4 Personen
Zubereitungszeit: 20 Min./Bratzeit: 30 Min.

Vorbereitung

Tintenfische unter fließendem Wasser abspülen und trocken-tupfen. Mit den Fangarmen in kleine Portionsstücke schneiden. Zwei Knoblauchzehen pellen und klein hacken. Die restlichen 4 Zehen belassen.

Die Bohnen auslösen, verlesen, waschen und abtropfen lassen.

Zubereitung

Das Olivenöl in einem Topf erhitzen und die 4 ungeschälten und die gehackten Knoblauch-zehen hinzugeben. Die Tinten-fischstücke ebenfalls in das heiße Öl geben. Alles etwa 10 Minu-ten andünsten.

Die Bohnen zufügen und die Brühe angießen. Mit geschlosse-nem Deckel ca. 20 Minuten köcheln lassen. Falls notwendig, etwas Flüssigkeit nachgießen. Nach der Hälfte der Garzeit den Majoran hinzugeben und mit Salz und Pfeffer würzen.

Servieren

Tintenfisch mit dicken Bohnen in tiefe Teller füllen und heiß zu Tisch bringen.

Zutaten

500 g kleine Tintenfische, geputzt
6 Knoblauchzehen
300 g dicke Bohnen
3 El Olivenöl
250 ml Gemüsebrühe
1 Tl Majoran
Salz
Schwarzer Pfeffer
aus der Mühle

Info

Das Gericht kann auch kalt gegessen werden.

TINTENFISCH MIT DICKEN BOHNEN

17

DICKE BOHNEN MIT SCHINKEN

Für 4 Personen
Zubereitungszeit: 25 Min./Kochzeit: 10 Min.

ZUTATEN

1 kg dicke Bohnen
1 Zwiebel
200 g Serrano-Schinken
3 El Olivenöl
1 Tl Bohnenkraut
Salz
Weißer Pfeffer
aus der Mühle
Petersilienblättchen

Vorbereitung

Bohnen in den Schoten in Wasser aufsetzen und etwa
15 Minuten kräftig kochen.
Abgießen und abkühlen lassen.
Dann die Bohnen aus den
Schoten lösen. Die Zwiebel
schälen und klein hacken. Den
Schinken klein schneiden.

Zubereitung

Olivenöl in einer Pfanne erhitzen und die Zwiebel darin
anschwitzen.
Den Schinken mit den Bohnen
zu den Zwiebeln geben. Unter
ständigem Rühren noch etwa
10 Minuten nachgaren.
Mit Bohnenkraut, Salz und
Pfeffer würzen.

Servieren

Dicke Bohnen mit Schinken in
eine Schüssel füllen und mit
Petersilienblättchen garniert
servieren.

DICKE BOHNEN MIT SCHINKEN

INFO

Hülsenfrüchte immer erst
nach dem Garen salzen,
sonst werden sie nicht weich.

FISCHSUPPE

THUNFISCHEINTOPF

STOCKFISCHRAGOUT

SARDINEN AUS DEM BACKOFEN

ALFONSINO-FISCH GEBRATEN

SARDINEN MIT KNOBLAUCHCREME

SEEZUNGE NACH LANZAROTE-ART

DORADE IN SALZKRUSTE

EINTOPF MIT MEERESFRÜCHTEN

MUSCHELN NACH PILARS ART

MUSCHELN MIT OLIVEN

FORELLE NACH NAVARRA-ART

Fisch & Schalentiere

FISCHSUPPE

FISCHSUPPE

ZUTATEN

2 Zwiebeln
250 g Tomaten
4 Knoblauchzehen
800 g Paprikaschoten
600 g Fischfilet (z. B. Seehecht, Seelachs, Kabeljau)
2 El Zitronensaft
Salz
Schwarzer Pfeffer
aus der Mühle
3 El Olivenöl
3 Tl Paprikapulver
1 Tl Kreuzkümmel

INFO

*Kochen Sie sich aus Fisch-
knochen und Wurzelgemüse
einen Fischfond und geben
diesen anstelle des Wassers
dazu. Dadurch erhält die
Suppe eine besonders
schmackhafte Note.*

Für 4 Personen
Zubereitungszeit: 25 Min./Kochzeit: 40 Min.

Vorbereitung

*Zwiebeln schälen und klein
hacken. Die Tomaten mit heißem Wasser überbrühen, häuten, halbieren, entkernen und
grob zerkleinern. Knoblauch
schälen und durch die Knoblauchpresse drücken.
Paprikaschoten waschen, putzen,
das weiße Innere entfernen und
in kleine Würfel schneiden.
Die Fischfilets kalt abspülen,
trockentupfen und in mundgerechte Stücke schneiden. Mit
Zitronensaft säuern, salzen und
pfeffern.*

Zubereitung

*Olivenöl in einem Topf erhitzen
und die Zwiebeln darin
anschwitzen. Die Tomaten zu
den Zwiebeln geben und bei
kleiner Flamme etwa 5 Minuten dünsten. Mit Paprikapulver,
Knoblauch, Salz, Pfeffer und
Kreuzkümmel würzen.
Die Paprikawürfel bis auf ein
Drittel unter die Tomaten
mischen. Mit 3/4 l Wasser aufgießen und ca. 20 Minuten
köcheln lassen. Die Suppe mit
dem Mixer pürieren. Die Fischstücke in die Suppe legen. Die
restlichen Paprikawürfel in die
Suppe streuen und alles bei
schwacher Hitze zugedeckt weitere 5 Minuten köcheln lassen.*

Servieren

*Die Fischsuppe in eine Suppen-
terrine füllen und heiß servieren.*

THUNFISCHEINTOPF

THUNFISCHEINTOPF

Für 4 Personen
Zubereitungszeit: 15 Min./Kochzeit: 25 Min.

ZUTATEN

1 Zwiebel
3 Knoblauchzehen
1 grüne Paprikaschote
150 g Tomaten
500 g Kartoffeln
500 g Thunfisch
200 g altbackenes Weißbrot
3 El Olivenöl
Salz
Pfeffer aus der Mühle
1 Döschen Safran
250 ml Weißwein
1 El frische Petersilie,
gehackt

Vorbereitung

Die Zwiebel und den Knoblauch schälen und klein hacken. Die Paprikaschote und die Tomaten waschen, putzen und würfeln. Die Kartoffeln waschen, schälen und in Stücke schneiden. Den Thunfisch in mundgerechte Stücke teilen. Das Weißbrot in gleichmäßige Würfel schneiden.

Zubereitung

Das Öl in einem Topf erhitzen und die Zwiebel mit dem Knoblauch darin anschwitzen. Das Gemüse hinzugeben, alles mit Salz, Pfeffer und dem Safran würzen. Den Wein angießen und alles 20 Minuten kochen lassen. Den Thunfisch nach 10 Minuten dazugeben. Die Weißbrotwürfel und die Petersilie dazugeben. Noch etwa 5 Minuten ziehen lassen. Nochmals mit Salz und Pfeffer abschmecken.

Servieren

Den Thunfischeintopf in eine Terrine füllen und heiß servieren.

INFO

Thunfisch ist reich an Eisen und Vitamin A und B.

STOCKFISCHRAGOUT

Für 4 Personen
Zubereitungszeit: 15 Min. (ohne Wartezeit)/Kochzeit: 40 Min.

STOCKFISCHRAGOUT

Vorbereitung

Den Stockfisch in Stücke brechen und mindestens 24 Stunden wässern. Das Wasser mehrmals erneuern. Danach das Wasser abschütten und den Fisch unter fließendem Wasser gründlich säubern.

Knoblauch, Zwiebel und Kartoffeln schälen und in Stücke schneiden. Paprikaschote und Tomaten waschen und klein schneiden.

Zubereitung

Die Hälfte des Öls in einem feuerfesten Tontopf erhitzen. 1 Knoblauchzehe darin anschwitzen. Den Fisch dazugeben und anbraten. Die austretende Gelatine, die der Fisch abgibt, mit dem Olivenöl verrühren. Übrige Knoblauchzehe und Zwiebel im restlichen Olivenöl andünsten. Die Kartoffeln dazugeben und alles braten.

Nach etwa 15 Minuten Garzeit Paprika und Tomaten zu den Kartoffeln geben. Alles zusammen noch weitere 10 Minuten braten. Das Gemüse aus der Pfanne nehmen und zu dem Stockfisch geben. Salzen und mit der gehackten Petersilie bestreuen. Noch etwa 15 Minuten garen.

Servieren

Stockfischragout direkt im Topf servieren. Dazu schmeckt ein frischer Weißwein.

ZUTATEN

750 g Stockfisch
2 Knoblauchzehen
1 Zwiebel
500 g Kartoffeln
1 rote Paprikaschote
500 g Tomaten
250 ml Olivenöl
Salz
1 El frische Petersilie, gehackt

INFO

Stockfisch besteht meist aus Kabeljau oder Schellfisch und muss vor der Zubereitung unbedingt gewässert werden.

Sardinen aus dem Backofen

Zutaten

500 g frische Sardinen
Meersalz
Weiße Pfefferkörner,
im Mörser grob
zerstoßen
6 Knoblauchzehen
1/2 Bund glatte Petersilie
200 ml Olivenöl
200 ml Weißwein
Saft von 1 Zitrone
2 El Semmelbrösel

Für 4 Personen
Zubereitungszeit: 10 Min./Backzeit: 20 Min.

Vorbereitung

Falls noch nicht geschehen, die Sardinen ausnehmen und unter fließendem Wasser säubern. Trockentupfen und innen und außen salzen und pfeffern. Knoblauch pellen und grob zerstoßen. Die Petersilie gründlich waschen, trockenschütteln und grob hacken. Backofen auf 180 °C vorheizen.

Zubereitung

Ein Backblech mit Olivenöl auspinseln. Die Fische darauf anordnen und mit dem Knoblauch und der Petersilie bestreuen. Reichlich mit Weißwein, Zitronensaft und dem restlichen Olivenöl beträufeln. Die Semmelbrösel darüber streuen. Die so vorbereiteten Sardinen im Backofen 18–20 Minuten backen.

Servieren

Die Sardinen auf einer großen Platte anrichten. Dazu einen gut gekühlten Weißwein und frisches Weißbrot servieren.

Info

Kaufen Sie küchenfertige Sardinen, das erspart Ihnen das Ausnehmen.

ALFONSINO-FISCH GEBRATEN

Für 4 Personen
Zubereitungszeit: 20 Min./Bratzeit: 3–4 Min.

ALFONSINO-FISCH GEBRATEN

ZUTATEN

4 Alfonsino-Fische
(je 350 g)
Salz
Pfeffer
2 El Zitronensaft
200 ml Olivenöl
4 Knoblauchzehen,
klein gehackt
2 El Petersilie

Vorbereitung

Die Fische schuppen, waschen und abtrocknen. Auf jeder Seite dreimal quer einschneiden, salzen, pfeffern, mit 1 El Zitronensaft beträufeln und etwa 10 Minuten ruhen lassen.

Zubereitung

In einer entsprechend großen Bratpfanne das Olivenöl erhitzen und die Fische von beiden Seiten goldbraun braten.
Die Fische auf vorgewärmten Tellern anrichten. Knoblauch, Petersilie und etwas Öl sowie den restlichen Zitronensaft darüber geben.

Servieren

Die Teller sofort zu Tisch bringen und mit Weißbrot servieren.

INFO

Sollten Sie bei Ihrem Fischhändler keine Alfonsino-Fische bekommen, nehmen Sie ersatzweise Meerbarben.

SARDINEN MIT KNOBLAUCHCREME

Für 4 Personen
Zubereitungszeit: 20 Min./Backzeit: 20 Min.

Vorbereitung

Die Sardinen ausnehmen und unter fließendem Wasser waschen und trockentupfen. Jeden Fisch zwei- bis dreimal längs einschneiden, damit er sich beim Grillen nicht wölbt.
Den Knoblauch schälen und in dünne Scheiben schneiden. Die Fische innen salzen, pfeffern und mit den Knoblauchscheiben füllen.
Den Backofen auf 250 °C vorheizen.

Zubereitung

Ein Backgitter mit Alufolie auslegen und die Fische darauf legen. Im Backofen von jeder Seite etwa 10 Minuten grillen. Aus dem Backofen nehmen und warm stellen.
Zwischenzeitlich für die Aioli die geschälten Knoblauchzehen zerdrücken und mit den Eigelben verrühren. Mit einem Mixer aufschlagen und nach und nach das Olivenöl hinzufügen. Mit Zitronensaft, Petersilie, Pfeffer, Salz und Paprika abschmecken. Die Aioli in kleine Schalen füllen.

Servieren

Die Sardinen auf einer Platte anrichten und die Aioli dazu reichen.

ZUTATEN

20 Sardinen
4 Knoblauchzehen
Salz
Pfeffer

Für die Aioli:
5 Knoblauchzehen
2 Eigelb
300 ml Olivenöl
8 El Zitronensaft
2 El Petersilie, fein gehackt
Paprikapulver

INFO

Aioli ist in der spanischen Küche unverzichtbar zu gekochtem oder geräuchertem Fisch.

Seezunge nach Lanzarote-Art

Seezunge nach Lanzarote-Art

Für 4 Personen
Zubereitungszeit: 10 Min./Brat- und Backzeit: ca. 8 Min.

Vorbereitung

Die Seezungen salzen und mit dem Zitronensaft säuern.
Etwa 50 g Butter in einer Pfanne erhitzen und die Kräuter darin andünsten.
Den Backofen auf 200 °C vorheizen.

Zubereitung

Die Seezungen in eine gefettete feuerfeste Form geben und mit der heißen Kräuterbutter übergießen. Mit Pfeffer würzen und etwas Paniermehl darüber streuen. Die restliche Butter in Flöckchen auf den Seezungen verteilen.
Die Fische bei starker Hitze 2–3 Minuten braten, dann in dem vorgeheizten Backofen weitere 5 Minuten backen.

Servieren

Die Fische in der Form servieren. Dazu einen frischen grünen Salat und einen wohl temperierten Rotwein reichen.

Zutaten

4 Seezungen
(vom Fischhändler küchenfertig vorbereitet)
Salz
3 El Zitronensaft
100 g Butter
3 El fein gehackte Kräuter
(Petersilie, Thymian, Zitronenmelisse, Kerbel)
Weißer Pfeffer
aus der Mühle
2 El Paniermehl

Info

Seezunge hat ein besonders weißes und zartes Fleisch.

DORADE IN SALZKRUSTE

DORADE IN SALZKRUSTE

Für 4 Personen
Zubereitungszeit: 15 Min./Backzeit: 40 Min.

ZUTATEN

1 Dorade (ca. 1500 g)
Salz
Weißer Pfeffer
aus der Mühle
1 El Butter
1 Kräuterbouquet (Rosma-
rin, Thymian, Petersilie)
3 Eiweiß
1 kg Salz

Vorbereitung

Die Dorade schuppen, waschen, trockentupfen, innen und außen salzen und pfeffern. Die Butter mit dem Kräuterbouquet in die Bauchhöhle geben. Das Eiweiß in einer großen Schüssel steif schlagen und das Salz unterheben. Den Backofen auf 200 °C vorheizen.

Zubereitung

Den Boden einer feuerfesten Form mit der Salzmasse bestreichen. Den Fisch darauf legen und mit der restlichen Salzmasse bedecken. Darauf achten, dass der Fisch von der Salzmasse ganz umschlossen ist. Die Auflaufform in den Backofen geben und ca. 40 Minuten backen (je nach Größe des Fisches). Die Salzkruste mit einem Messer öffnen. Die Fischhaut bleibt weitgehend an der Salzkruste kleben.

Servieren

Den Fisch auf vorgewärmte Teller portionieren. Dazu passen Kartoffeln.

INFO

Das Fleisch der Dorade ist fein, weiß und mager. Die Dorade zählt in der europäischen Küche zu einem der feinsten Fische.

EINTOPF MIT MEERESFRÜCHTEN

Für 4 Personen
Zubereitungszeit: 30 Min./Kochzeit: 35 Min.

Vorbereitung:

Die Tomaten mit heißem Wasser überbrühen, häuten, entkernen und in kleine Stücke schneiden. Zwiebeln und Knoblauch schälen und fein hacken. Chilischote waschen, entkernen und in feine Stücke schneiden. Den Speck in kleine Würfel schneiden.
Die Muscheln unter fließendem Wasser gründlich säubern. Geöffnete Muscheln aussortieren und wegwerfen, sie sind ungenießbar.
Seeteufel, Seehecht und Tintenfischringe waschen, trockentupfen und mit Zitronensaft säuern. Den Fisch in mundgerechte Portionen schneiden. Die Garnelen am Rücken aufschneiden und den schwarzen Faden entfernen.

Zubereitung:

In einem feuerfesten Topf das Öl erhitzen. Zwiebeln, Knoblauch und Chilischote anschwitzen, die Speckwürfel hinzugeben und mit den Tomaten etwa 10 Minuten köcheln lassen. Mandeln, Safran, Thymian, Lorbeerblätter und Rosmarin dazugeben. Mit Weißwein, Pernod und 1/2 l Wasser aufgießen. Etwas Zitronensaft zufügen und mit Salz und Pfeffer abschmecken. Aufkochen lassen und 15 Minuten bei geschlossenem Deckel köcheln lassen. Venusmuscheln und Miesmuscheln in den Topf geben und so lange mitkochen lassen, bis alle geöffnet sind. Muscheln, die jetzt noch nicht offen sind, aussortieren und wegwerfen.

Den ganzen Fisch zusammen in den Topf geben und weitere 10 Minuten bei schwacher Hitze garen.

Servieren:

Den Eintopf mit Zitronensaft abschmecken und mit der Petersilie bestreut servieren.

ZUTATEN

1 kg Tomaten
2 Zwiebeln
6 Knoblauchzehen
1 rote Chilischote
100 g magerer Speck
500 g Venusmuscheln
500 g Miesmuscheln
300 g Seeteufel
300 g Seehecht
400 g Tintenfischringe (natur)
Saft von 1 Zitrone
6 große, frische Garnelen, geschält
100 ml Olivenöl
100 g frische Mandeln, gemahlen
2 Döschen Safran oder Safranersatz
1 Tl Thymian
5 Lorbeerblätter
1 Tl Rosmarin (gemahlen)
500 ml trockener Weißwein
1 Tl Pernod
Salz
Schwarzer Pfeffer aus der Mühle
1 Bund glatte Petersilie

INFO

Da das Gericht etwas aufwändiger ist, empfiehlt es sich, eine größere Portion vorzubereiten.

33

MUSCHELN NACH PILARS ART

Für 4 Personen
Zubereitungszeit: 40 Min./Kochzeit: 35 Min.

ZUTATEN

500 g Miesmuscheln
Salz
1 Zitrone, in Scheiben
geschnitten
500 g Kartoffeln
200 g Zwiebeln
1/2 rote Paprikaschote
300 g Tomaten
4 Knoblauchzehen
1 Bund glatte Petersilie
150 g Erbsen
1/2 Döschen Safran
3 El Olivenöl
200 ml Weißwein

INFO

Legen Sie die Muscheln vor der Zubereitung für einige Stunden in Milch ein. Die Muscheln saugen sich dann voll und werden schön dick und besonders schmackhaft.

Vorbereitung

Die Muscheln waschen, mit einem Messer die Bärte entfernen. Geöffnete Muscheln, die sich nicht wieder schließen, wegwerfen. Die Muscheln in 1 1/2 l Wasser mit etwas Salz und den Zitronenscheiben 10 Minuten kochen. Die Muscheln herausnehmen und abkühlen lassen. Geschlossene Muscheln aussortieren und wegwerfen. Das Muschelfleisch aus den Schalen lösen.

Die Kartoffeln schälen und in Scheiben schneiden. Die Zwiebeln schälen und klein schneiden. Paprikaschote waschen, die Kerne und die weißen Häutchen entfernen, Tomaten häuten, alles grob würfeln. Knoblauch pellen und fein hacken. Die Petersilie gründlich waschen, trockenschütteln und fein hacken.

Zubereitung

Eine feuerfeste Form mit 1/4 l Muschelfond füllen. Die Kartoffeln, Zwiebeln, Paprikaschote und Tomaten in den Fond geben. Erbsen, Knoblauch und Safran in die Form geben und so lange kochen, bis die Kartoffeln gar sind.

Nun die Muscheln dazugeben und Öl und Weißwein angießen. Mit Salz abschmecken und weitere 10 Minuten köcheln lassen. Vor dem Servieren noch 5 Minuten im Backofen übergrillen.

Servieren

Die Muscheln in der Form zu Tisch bringen und mit der Petersilie bestreut servieren.

34

MUSCHELN MIT OLIVEN

Für 4 Personen
Zubereitungszeit: 40 Min./Kochzeit: 15 Min.

Vorbereitung

Die Muscheln unter fließendem Wasser gründlich säubern, die Bärte entfernen. Geöffnete Muscheln wegwerfen. In 1 l Wasser mit 1 Tl Salz im geschlossenen Topf etwa 10 Minuten dünsten. Das Wasser abgießen, das Muschelfleisch aus den Schalen lösen und warm stellen.

Die Zwiebeln und den Knoblauch schälen, fein hacken. Tomaten heiß überbrühen, pellen und klein schneiden. Die Oliven entkernen und die Sardellenfilets klein hacken.

Zubereitung

In heißem Olivenöl die Zwiebeln und den Knoblauch glasig dünsten. Die Tomaten mit Oliven und Sardellenfilets dazugeben. Weißwein angießen und die Sauce einkochen lassen. Das Muschelfleisch in die Sauce geben und nochmals erhitzen.

Servieren

Die Muscheln mit Oliven in eine Schüssel füllen und zu Tisch bringen.

ZUTATEN

2 kg Miesmuscheln
Salz
2 Zwiebeln
3 Knoblauchzehen
4 Tomaten
200 g schwarze Oliven
3 eingelegte Sardellenfilets
4 El Olivenöl
250 ml Weißwein

MUSCHELN MIT OLIVEN

INFO

Kochen Sie die Muscheln anstatt in Wasser in Weißwein. Dadurch wird das Muschelfleisch aromatischer.

35

Forelle nach Navarra-Art

FORELLE NACH NAVARRA-ART

Für 4 Personen
Zubereitungszeit: 15 Min./Bratzeit: 5 Min.

Vorbereitung

Die Forellen unter fließendem kalten Wasser waschen, trockentupfen und innen mit Salz und Pfeffer würzen. Je eine Scheibe Schinken in die Bauchhöhle des Fisches legen und mit einem Zahnstocher verschließen.
Die Forellen in Mehl wenden, überschüssiges Mehl abklopfen.

Zubereitung

In einer Pfanne das Öl erhitzen und die Forellen darin von jeder Seite ca. 5 Minuten goldbraun braten. Aus der Pfanne nehmen und auf Küchenpapier kurz abtropfen lassen.

Servieren

Die Forellen auf Tellern anrichten und mit der gehackten Petersilie bestreut servieren.

ZUTATEN

4 frische ausgenommene Forellen (Bach- oder Regenbogenforellen)
Salz
Pfeffer aus der Mühle
4 Scheiben Serrano-Schinken
Mehl zum Bearbeiten
2 El Olivenöl
2 El gehackte Petersilie

INFO

Platzen die Forellen beim Braten auf, so ist das ein besonderes Zeichen von Frische.

37

FLEISCH- & GEFLÜGELGERICHTE

KANINCHEN MIT OLIVEN

KANINCHEN MIT OLIVEN

Für 4 Personen
Zubereitungszeit: 15 Min./Brat- & Kochzeit: 90 Min.

ZUTATEN

1 Kaninchen (ca. 1,5 kg)
Salz
Pfeffer aus der Mühle
3 Tomaten
1 Möhre
40 g Butter
6 El Olivenöl
5 Knoblauchzehen
4 cl Weinbrand
100 grüne und schwarze
Oliven

Vorbereitung

Das Kaninchen in Stücke zerteilen, waschen und trockenreiben. Salzen und pfeffern.
Die Tomaten heiß überbrühen und schälen. Die Möhre schälen, waschen und in Scheiben schneiden.

Zubereitung

In einem Bräter Butter und Öl erhitzen, die Knoblauchzehen mit der Schale darin goldgelb anschwitzen und wieder herausnehmen.
Die Kaninchenteile in das heiße Fett geben und von allen Seiten anbraten.
Die Tomaten und die Möhre dazugeben und mitbraten.
Mit dem Weinbrand übergießen und etwa 1 1/2 Stunden schmoren lassen (je nach Größe). Falls nötig, etwas Wasser hinzugeben.
Zum Schluss die Oliven dazugeben und gut durchschmoren lassen.

Servieren

Das Kaninchen mit Oliven auf einer Fleischplatte anrichten und mit frischem Weißbrot und einem Glas Rotwein servieren.

INFO

Unvergleichlich kräftiger im Geschmack sind Wildkaninchen.

Lammhaxen nach Murcia-Art

Für 4 Personen
Zubereitungszeit: 25 Min. (ohne Wartezeit)/Brat- & Kochzeit: 60 Min.

Vorbereitung

Die Haxen abwaschen, gut abtrocknen und in eine Schüssel geben. Aus Weißwein, Essig, den Gewürzen und Kräutern eine Marinade herstellen und über das Fleisch gießen. Mindestens 24 Stunden im Kühlschrank ziehen lassen. Danach das Fleisch aus der Marinade nehmen und gut abtrocknen.

Zubereitung

Das Olivenöl in einem Bräter erhitzen und das Fleisch von allen Seiten gut anbraten. Die Tomatenstücke und die Schalotten zufügen und anbräunen. Etwas von der Marinade angießen und bei geschlossenem Deckel bei schwacher Hitze etwa 1 Stunde köcheln lassen. Gegebenenfalls etwas Flüssigkeit nachgießen. Die Haxen aus der Sauce nehmen und warm stellen. Die Sauce durch ein Sieb passieren und mit der Kartoffelstärke binden. Nochmals kurz aufkochen lassen.

Servieren

Das Fleisch in eine Schüssel geben und mit etwas Sauce übergießen. Restliche Sauce separat reichen. Noch heiß mit Salzkartoffeln servieren.

Zutaten

4 Lammhaxen
500 ml Weißwein
2 El Sherryessig
2 Lorbeerblätter
1 Tl Wacholderbeeren
1 Tl getrockneter Thymian
1 Tl getrockneter Rosmarin
1 Tl weiße Pfefferkörner
1 getrocknete Chilischote
3 Knoblauchzehen,
grob zerkleinert

Für den Bräter:
125 ml Olivenöl
3 Tomaten, gepellt
und gehackt
3 Schalotten, geviertelt
1 Tl Kartoffelstärke

Info

Das wenig fettige Lammfleisch verlangt bei der Zubereitung nach starken Gewürzen.

41

FLEISCH UND GEMÜSE AUS DEM OFEN

FLEISCH UND GEMÜSE

Für 4 Personen
Zubereitungszeit: 25 Min./Backzeit: 180 Min.

ZUTATEN

1–1,5 kg Beinscheiben
2 mittelgroße Auberginen
1 Zucchini
2 rote Paprikaschoten
2 grüne Paprikaschoten
1 große Gemüsezwiebel
3 Fleischtomaten
5 El Olivenöl
Salz
Schwarzer Pfeffer
aus der Mühle
1 Tl Paprikapulver, edelsüß
2 cl Weinbrand

Vorbereitung

Das Fleisch kalt abwaschen und trockentupfen. Von Fett und Sehnen befreien und in Stücke schneiden. Von Auberginen und Zucchini den harten Strunk entfernen, Paprikaschoten putzen, Gemüsezwiebel schälen. Das Gemüse in mundgerechte Stücke, die Tomaten in 1,5 cm dicke Scheiben schneiden. Die Zwiebel achteln und auseinander blättern.
Den Backofen auf 200 °C vorheizen.

Zubereitung

Eine flache, feuerfeste Form mit 1 El Olivenöl ausstreichen. Die Fleischwürfel in die Form legen, salzen, pfeffern und mit Paprikapulver bestreuen. Das Gemüse auf das Fleisch geben und mit den Tomatenscheiben abdecken. Salzen und pfeffern. Mit dem Weinbrand und 4 El Olivenöl beträufeln. Die Form für eine 1/2 Stunde bei 200°C in den Backofen geben. Dann auf 175 °C zurückschalten und weitere 2 1/2 Stunden garen. Wenn die Tomatenscheiben anfangen zu bräunen, einmal gut umrühren. Das Gericht kann bedenkenlos auch etwas länger im Ofen geschmort werden.

Servieren

Den Eintopf in der Form zu Tisch bringen und ganz heiß servieren.

INFO

Lammfleisch sollte immer möglichst heiß serviert werden. Kaltes Lammfleisch schmeckt tranig.

Geschmorte Pute mit Mandeln

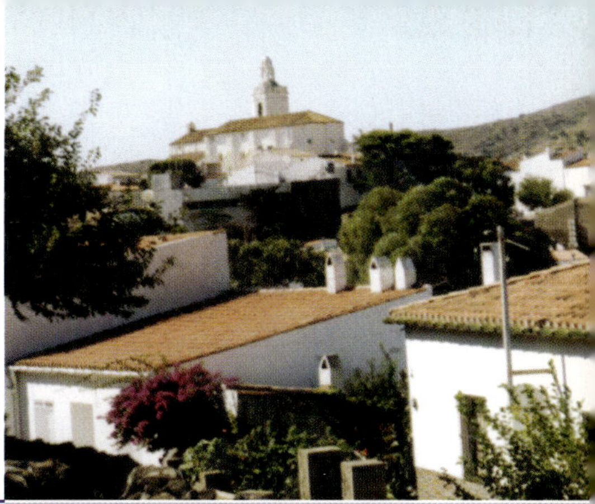

Für 4 Personen
Zubereitungszeit: 25 Min./Bratzeit: 30 Min.

Vorbereitung

Die Putenbrust waschen, abtrocknen und in Würfel schneiden.

Zubereitung

Das Olivenöl in einem Schmortopf erhitzen und das Putenfleisch von allen Seiten darin anbraten. Aus dem Topf nehmen und beiseite stellen. Zwiebel und Knoblauch im Bratfett dünsten, die Mandeln dazugeben und kurz anbraten. Lorbeerblatt und Tomaten hinzufügen, mit dem Weißwein ablöschen und den Geflügelfond hinzugießen. Putenfleisch wieder hineinlegen und mit Salz und Pfeffer würzen. Bei mittlerer Hitze zugedeckt etwa 30 Minuten köcheln lassen.

Servieren

Geschmorte Pute mit den Mandeln in eine Terrine füllen und mit Reis oder Kartoffelkroketten servieren.

Zutaten

800 g Putenbrust
3 El Olivenöl
1 große Zwiebel, fein gehackt
1 Knoblauchzehe, gehackt
2 El Mandeln, gehackt
1 Lorbeerblatt
2 Tomaten, geschält und in Würfel geschnitten
250 ml Weißwein
250 ml Geflügelfond
Salz
Weißer Pfeffer aus der Mühle

Geschmorte Pute mit Mandeln

Info

Putenfleisch ist ein besonders magerer Genuss.

LAMMKOTELETTS

LAMMKOTELETTS

Für 4 Personen
Zubereitungszeit: 10 Min./Bratzeit: etwa 4 Min.

ZUTATEN

8 Lammkoteletts
Salz
Schwarzer Pfeffer
aus der Mühle
250 ml Olivenöl
10 Knoblauchzehen

Vorbereitung

Die Lammkoteletts von allzu viel Fett befreien, salzen, pfeffern und an den Rändern etwas einschneiden, damit sie sich beim Braten nicht wölben.

Zubereitung

Das Olivenöl in einer Pfanne erhitzen. Die Knoblauchzehen mit Schale goldbraun braten. Aus der Pfanne nehmen und beiseite stellen. Die vorbereiteten Lammkoteletts von beiden Seiten in der Pfanne nicht zu lange braten. Sie sollten innen noch rosa sein.

Servieren

Die Koteletts mit dem Knoblauch anrichten. Die Knoblauchzehen werden mit der Gabel zerdrückt und auf das Fleisch gestrichen. Dazu reicht man Weißbrot, um den Bratensaft aufnehmen zu können.

INFO

Lassen sie die Koteletts nicht zu lange braten. Sie werden sonst schnell trocken.

LAMMFLEISCHEINTOPF

LAMMFLEISCHEINTOPF

Für 4 Personen
Zubereitungszeit: 30 Min./Brat- & Kochzeit: 65 Min.

ZUTATEN

750 g Lammfleisch
aus der Schulter
125 ml Olivenöl
1 Zwiebel, gehackt
200 g Lammleber, in grobe
Stücke geschnitten
2 rote Paprikaschoten,
in mundgerechte Stücke
geschnitten
1 Chilischote, fein gehackt
125 ml Rotwein
1 Scheibe altbackenes Brot
2 El Thymian
1 Lorbeerblatt
500 ml Gemüsebrühe
Salz
Schwarzer Pfeffer
aus der Mühle
7 Knoblauchzehen
1 Tl scharfer Paprika
1 El Essig
1 El Sherry
100 g grüne Oliven
100 g schwarze Oliven
1 Bund glatte Petersilie,
gehackt

INFO

*Lammleber ist eine besondere
Delikatesse und schmeckt
auch als Einzelgericht
mit Kartoffelpüree.*

Vorbereitung

*Das Lammfleisch waschen, von
Häuten und Sehnen befreien
und in mundgerechte Stücke
schneiden.*

Zubereitung

*Die Fleischstücke in einem Brä-
ter mit Olivenöl scharf anbraten.
Zwiebel, Leber, Paprika und
Chilischote dazugeben und gut
miteinander vermengen.
5 Minuten schmoren lassen.
Den Rotwein angießen. Das
Brot zerkleinern und mit Thymian und Lorbeer dazugeben.
Mit der Gemüsebrühe auffüllen.
Mit Salz und Pfeffer abschmecken und weitere 30 Minuten
schmoren lassen. Den Knoblauch mit Paprika und Essig in
einem Mörser zerstoßen und in
den Bräter geben. Mit Sherry
abschmecken und die Oliven
dazugeben. Nochmals 30
Minuten köcheln lassen.*

Servieren

*Den Eintopf noch heiß in tiefen
Tellern servieren und mit etwas
Petersilie bestreuen.*

ZICKLEINKEULE AUS DEM OFEN

Für 4 Personen
Zubereitungszeit: 30 Min./Backzeit: 90 Min.

Vorbereitung

Die Zickleinkeule waschen, häuten und von den Sehnen befreien. Gründlich mit Salz und Pfeffer einreiben. Den Backofen auf 180 °C vorheizen.

Zubereitung

In einem Bräter ausreichend Olivenöl erhitzen und die Keule von allen Seiten kräftig anbraten. Das Fleisch aus dem Bräter nehmen und zur Seite stellen. Die Knoblauchzehen und die Zwiebel im Bräter anschwitzen, die zerkleinerten Tomaten dazugeben und leicht köcheln lassen. Lorbeerblätter, Thymian und die zerdrückten Wacholderbeeren dazugeben. Mit Weißwein und Sherry ablöschen und die Keule wieder in den Bräter geben. Für etwa 1 1/2 Stunden in den Backofen schieben.

Das Fleisch hin und wieder mit dem austretenden Bratensaft übergießen. Falls zu wenig Fond vorhanden ist, etwas heißes Wasser zugeben. Kurz vor Ende der Garzeit die gerösteten Pinienkerne über die Keule streuen.

Servieren

Vor dem Servieren die Sauce durch ein feines Sieb passieren und separat zum Fleisch reichen. Die Keule erst am Tisch aufschneiden. Als Beilage schmecken Salzkartoffeln und grüne Bohnen.

ZUTATEN

1 Zickleinkeule (ca. 2 kg)
Salz
Schwarzer Pfeffer
aus der Mühle
250 ml Olivenöl
4 Knoblauchzehen
1 Zwiebel, grob gehackt
2 Tomaten, gehäutet
und gewürfelt
3 Lorbeerblätter
2 El Thymianblätter
1 El Wacholderbeeren,
grob zerdrückt
250 ml Weißwein
4 cl trockener Sherry
2 El geröstete Pinienkerne,
grob gehackt

ZICKLEINKEULE AUS DEM OFEN

INFO

Zickleinfleisch ist ein zart-köstlicher Genuss.

OCHSENSCHWANZRAGOUT

Für 4 Personen
Zubereitungszeit: 30 Min./Kochzeit: 4–5 Stunden

OCHSENSCHWANZRAGOUT

ZUTATEN

2 Ochsenschwänze
2 Zwiebeln
3 Möhren
1 Stange Porree
1 El glatte Petersilie, gehackt
1 El Thymian
3 Knoblauchzehen, gehackt
125 ml Olivenöl
2 Lorbeerblätter
1 Tl Paprikapulver, scharf
1 El Mehl
1 Glas Sherry
Schwarzer Pfeffer
aus der Mühle
Salz
5 El saure Sahne

INFO

*Der Ochsenschwanz ist
reich an muskulösem und
fettarmem Fleisch.*

Vorbereitung

*Die Ochsenschwänze in kleine
Stücke hacken und unter flie
ßendem Wasser abspülen. Aufrecht in einen Topf stellen und
so viel Wasser angießen, bis das
Fleisch bedeckt ist. Zwiebeln
schälen (1 Zwiebel beiseite
stellen), Möhren und Porree
putzen, waschen und klein
schneiden. Mit der Petersilie,
den Gewürzen zu dem Fleisch
geben und kurz aufkochen
lassen.*

Zubereitung

*Den Topf schließen und 4–5
Stunden bei geringer Hitze
köcheln lassen. Hin und
wieder sich bildenden Schaum
abschöpfen.
Kurz vor Ende der Garzeit
Olivenöl erhitzen und Knoblauch, die zweite Zwiebel, Lorbeerblätter und Paprikapulver
darin anschwitzen. Das Mehl
hinzugeben und gut miteinander
verrühren. Beginnt das Mehl
braun zu werden, mit etwas
Kochflüssigkeit und Sherry ablöschen. Mit Pfeffer und Salz
würzen, kurz aufkochen lassen
und vom Herd nehmen. Die
saure Sahne dazugeben und gut
miteinander verrühren. Das
Fleisch aus dem Topf nehmen,
von den Knochen lösen, zu der
Sauce geben und gut miteinander
vermischen.*

Servieren

*Auf Teller anrichten und noch
heiß mit Salzkartoffeln oder
Bauernbrot servieren.*

LAMMSCHULTER

Für 4 Personen
Zubereitungszeit: 25 Min./Bratzeit: 60 Min.

Vorbereitung

Die Lammschulter unter fließendem Wasser abwaschen und trockentupfen. Überflüssiges Fett entfernen, salzen, pfeffern und mit etwas Thymian bestreuen. Mit Küchengarn zu einer Rolle binden.

Die Zwiebeln schälen und grob würfeln. Paprikaschoten waschen, putzen und entkernen. Ebenfalls in grobe Würfel schneiden. Knoblauchzehen pellen und klein schneiden.

Zubereitung

In einem Bräter das Olivenöl erhitzen und das Fleisch von allen Seiten anbraten. Das Fleisch aus dem Bräter nehmen. Zwiebeln, Knoblauch und Paprika glasig anschwitzen. Den Weißwein und die Gemüsebrühe angießen und das Fleisch auf das Gemüsebett setzen. Im geschlossenen Topf etwa 1 Stunde schmoren lassen. Hin und wieder wenden, falls nötig Wasser oder Brühe nachgießen.

Am Ende der Garzeit ist das Gemüse zu einer sämigen Sauce zerkocht. Fleisch und Sauce mit Pfeffer und Salz würzen. Das Küchengarn entfernen und die Lammschulter in Scheiben aufschneiden.

Servieren

Die Fleischscheiben auf einer Platte anrichten und mit kräftigem Bauernbrot und einem Glas Rotwein servieren.

ZUTATEN

600 g Lammschulter, ohne Knochen
Salz
Schwarzer Pfeffer aus der Mühle
1 El Thymian
2 große Zwiebeln
1 grüne Paprikaschote
1 rote Paprikaschote
3 Knoblauchzehen
125 ml Öl
200 ml Weißwein
250 ml Gemüsebrühe

INFO

Günstiges und gutes Lammfleisch erhalten Sie meist beim türkischen Metzger.

49

MAURISCHE FLEISCHSPIESSE

MAURISCHE FLEISCHSPIESSE

Für 4 Personen
Zubereitungszeit: 25 Min. (ohne Wartezeit)/Bratzeit: 10–12 Min.

Vorbereitung

Das Schweinefilet in Würfel von etwa 2 cm Kantenlänge schneiden. Kreuzkümmel, Cayennepfeffer, Paprikapulver, Salz, Pfeffer und 5 El Olivenöl in einer großen Schüssel verrühren. Die Fleischwürfel darin wenden und im Kühlschrank etwa 1 Stunde ziehen lassen. Die Holzspieße mit dem restlichen Olivenöl einpinseln, dadurch löst sich das Fleisch nach dem Garen besser. Fleischwürfel dicht auf die Holzspießchen stecken.

Zubereitung

Die Fleischspießchen auf dem Grill oder in einer Pfanne bei mittlerer Hitze 10–12 Minuten braten, dabei öfters wenden.

Servieren

Die Fleischspieße auf eine Fleischplatte legen und mit Zitronenvierteln garniert servieren.

ZUTATEN

600 g Schweinefilet
1 Tl Kreuzkümmel
1 Prise Cayennepfeffer
2 El mildes Paprikapulver
Salz
Schwarzer Pfeffer
aus der Mühle
7 El Olivenöl
8 Holzspießchen
2 Zitronen, geviertelt

INFO

Fleischspieße schmecken auch mit Putenfleisch.

51

HÄHNCHEN MIT THUNFISCH

HÄHNCHEN MIT THUNFISCH

Für 4 Personen
Zubereitungszeit: 25 Min. (ohne Wartezeit)/Kochzeit: 35 Min.

ZUTATEN

4 Hähnchenbrustfilets
2 Knoblauchzehen
1 Zwiebel
150 g Sellerieknolle
2 Möhren
1/2 Bund Basilikum
1 Lorbeerblatt
Salz
2 Eigelb
Saft von 1 Zitrone
125 ml Olivenöl
150 g Thunfisch
(aus der Dose)
3 El Kapern
Schwarzer Pfeffer
aus der Mühle

INFO

*Bei der Mayonnaise-
zubereitung das Öl langsam
zurühren, da die Eigelbe
sonst ausflocken.*

Vorbereitung

Die Hähnchenbrüste unter kaltem Wasser abspülen, trockentupfen und beiseite stellen. Den Knoblauch und die Zwiebel pellen und klein schneiden. Sellerie und Möhren putzen und grob zerkleinern.
Das Basilikum waschen, trockentupfen, fein hacken.

Zubereitung

Alles zusammen mit dem Lorbeerblatt in einen Topf geben, mit 1/2 l Wasser aufgießen und 15 Minuten köcheln lassen. Den Sud mit 1/2 Tl Salz würzen und die Hähnchenbrüste 15–20 Minuten darin ziehen lassen.
Zwischenzeitlich die Eigelbe mit dem Zitronensaft in einen Mixer geben. Olivenöl gleichmäßig zufließen lassen und alles verrühren, bis eine Mayonnaise entstanden ist. Den Thunfisch zerpflücken und mit den Kapern in der Mayonnaise verrühren. Falls die Mayonnaise zu dick-

flüssig wird, noch etwas von dem Kochsud dazugeben. Mit Salz und Pfeffer abschmecken.
Die Hähnchenbrüste in dünne Scheiben schneiden und die Thunfisch-Mayonnaise darüber geben. Im Kühlschrank für etwa 1 Stunde kalt stellen.

Servieren

Das Hähnchen auf einer Platte anrichten und mit Basilikum bestreut servieren.

Lammnieren mit Sherry

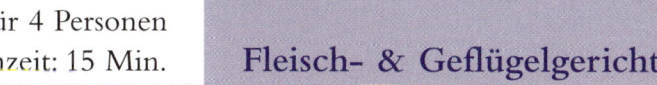

Für 4 Personen
Zubereitungszeit: 25 Min. (ohne Wartezeit)/Brat- & Kochzeit: 15 Min.

Vorbereitung

Die Lammnieren unter fließendem Wasser abwaschen und von Fett und Sehnen befreien.
In eine Schüssel legen und mit Wasser und einem Schuss Sherryessig begießen. Etwa 3 Stunden stehen lassen. Nieren herausnehmen und trockentupfen. Knoblauch und Zwiebel schälen, klein hacken.

Zubereitung

In einer Pfanne das Olivenöl erhitzen. Zwiebel und Knoblauch dazugeben und glasig dünsten. Knoblauch und Zwiebeln herausnehmen. Gegebenenfalls etwas Öl nachgießen und wieder erhitzen.
Lammnieren mit dem Paprikapulver würzen und von jeder Seite scharf anbraten. Knoblauch und Zwiebel wieder in die Pfanne geben und nochmals erhitzen. Mit dem Sherry ablöschen und 15 Minuten köcheln lassen. Mit Salz und Pfeffer würzen.

Servieren

Lammnieren mit Sherry in eine tiefe Schüssel füllen und mit der gehackten Petersilie bestreut heiß servieren.

Zutaten

400 g Lammnieren
2 El Sherryessig
3 Knoblauchzehen
1 Zwiebel
4 El Olivenöl
1 Tl Paprikapulver
1 cl trockener Sherry
Salz
Schwarzer Pfeffer
aus der Mühle
2 El gehackte
glatte Petersilie

LAMMNIEREN MIT SHERRY

Info

Durch das Säuern in Essigwasser verlieren die Nieren ihre gewisse „Strenge".

53

KANINCHEN MAURISCHE ART

KANINCHEN MAURISCHE ART

Für 4 Personen
Zubereitungszeit: 15 Min./Brat- & Kochzeit: 45 Min.

ZUTATEN

Kaninchen (ca. 1,5 kg)
500 g Zwiebeln
4 Knoblauchzehen
100 ml Olivenöl
Salz
Schwarzer Pfeffer
aus der Mühle
1 Döschen Safran
250 ml Weißwein
50 g Rosinen

Vorbereitung

*Das Kaninchen in 6 möglichst gleich große Portionsstücke zerteilen. Zwiebeln schälen und in Ringe schneiden. Knoblauchzehen schälen und in dünne Scheiben schneiden.
Den Backofen auf 160 °C vorheizen.*

Zubereitung

*In einem Bräter das Olivenöl erhitzen. Die Kaninchenteile bei starker Hitze von allen Seiten anbraten, kräftig salzen und pfeffern, aus dem Bräter nehmen und beiseite stellen.
Zwiebelringe im verbliebenen Bratfett bei schwacher Hitze glasig dünsten und die Hälfte davon herausnehmen. Die Kaninchenstücke in den Bräter auf die Zwiebeln legen. Knoblauch mit den restlichen Zwiebeln mischen und darauf verteilen.*

Den Bräter zugedeckt in den Backofen (Mitte) stellen und alles etwa 20 Minuten braten. Inzwischen Safran und Weißwein mischen und über die Kaninchenstücke gießen. Die Rosinen darüber streuen, alles weitere 25 Minuten garen lassen.

Servieren

Kaninchen maurische Art in eine Terrine füllen und mit weißem Landbrot servieren.

INFO

Kaninchenfleisch ist fettarm und besonders fein im Geschmack.

LAMMKEULE AUF KÖNIGLICHE ART

Für 4 Personen
Zubereitungszeit: 30 Min./Backzeit: 90 Min.

Vorbereitung

Backofen auf 220 °C vorheizen. Die Lammkeule waschen und abtrocknen. An drei oder vier Stellen mit einem scharfen Messer etwas einschneiden, gut mit Olivenöl einreiben und mit Salz, Pfeffer und der Kräutermischung bestreuen.
Die Kartoffeln schälen und waschen. Zwiebeln schälen und in Würfel schneiden. Die Tomaten waschen und in kleine Stücke schneiden.

Zubereitung

In eine große, feuerfeste Form platzieren. Den Knoblauch schälen und zerdrücken, mit etwas Olivenöl mischen und das Lamm damit beträufeln. Das Fleisch in den Ofen schieben. Zwischenzeitlich die Gemüsebrühe in einem Topf aufkochen, dann nach und nach Weißwein, Essig und Zitronensaft hinzufügen und ein weiteres Mal kurz aufkochen. Etwas von der Flüssigkeit über das Lamm gießen.

Den Vorgang alle 30 Minuten wiederholen, bis das Lamm gut 90 Minuten gebacken ist. Währenddessen die Kartoffeln in Salzwasser 25 Minuten kochen. Die Kartoffeln abgießen und in Scheiben schneiden. In einer flachen, feuerfesten Schale anrichten, mit Olivenöl bepinseln und mit Salz und Pfeffer würzen.
Zwiebeln und Tomaten mit Pfeffer und Salz würzen. Die Kartoffeln in den Ofen schieben, wenn das Lamm bereits eine 1/2 Stunde geschmort hat. Nach einer weiteren 1/2 Stunde Tomaten und Zwiebeln auf die Kartoffeln geben und 30 Minuten mitschmoren. Die gesamte Mischung vorsichtig an das Lamm geben und alles zusammen 10 Minuten bei etwa 150 °C im Ofen fertig garen lassen.

Servieren

Lammkeule in der Form zu Tisch bringen und mit einem trockenen Rotwein servieren.

ZUTATEN

1 Lammkeule (ca. 2 kg)
250 ml Olivenöl
Salz
Schwarzer Pfeffer aus der Mühle
1 El getrocknete Kräuter (Thymian, Rosmarin, Estragon)
750 g Kartoffeln
2 Zwiebeln
4 Tomaten
4 Knoblauchzehen
500 ml Gemüsebrühe
250 ml Weißwein
2 El Essig
2 El Zitronensaft

INFO

Grüne Bohnen schmecken sehr gut zu Lammfleisch. Servieren Sie deshalb zu diesem Gericht einen frischen Bohnensalat.

LAMMKEULE AUF KÖNIGLICHE ART

HÄHNCHEN MIT ORANGEN

HÄHNCHEN MIT ORANGEN

Für 4 Personen
Zubereitungszeit: 10 Min./Bratzeit: 60 Min.

ZUTATEN

1 Hähnchen (ca. 1 kg)
4 El Olivenöl
250 ml Weißwein
2 El Zitronensaft
2 El Essig
2 Lorbeerblätter
2 Knoblauchzehen
Schwarzer Pfeffer
aus der Mühle
4 Wacholderbeeren
1/2 Tl Salz
2 Orangen

Vorbereitung

Das Hähnchen unter kaltem Wasser abwaschen und mit einem sauberen Küchenhandtuch abtrocknen.

Zubereitung

In einem Bräter das Olivenöl erhitzen und das Hähnchen von allen Seiten anbraten.
Wein, Zitronensaft, Essig, Lorbeerblätter, Knoblauch, Pfeffer, Wacholderbeeren und Salz in einem Pfännchen zum Kochen bringen und über das Hähnchen gießen. Im geschlossenen Topf etwa 1 Stunde braten.
Das Hähnchen in der Marinade abkühlen lassen. Anschließend in Portionsstücke schneiden.

Servieren

Die Hähnchenstücke auf einer Fleischplatte anrichten und kalt, mit Orangenscheiben garniert, servieren. Dazu einen fruchtigen Weißwein und Stangenweißbrot reichen.

INFO

Dieses Gericht können Sie auch nur mit Hähnchenbrust zubereiten.

ANDALUSISCHES RINDSRAGOUT

ANDALUSISCHES RINDSRAGOUT

Für 4 Personen
Zubereitungszeit: 40 Min./Kochzeit: 90 Min.

ZUTATEN

1 Knoblauchknolle
800 g Schulter vom Rind
1 große grüne
Paprikaschote
2 Fleischtomaten
2 große Zwiebeln
2 Möhren
2 Tl Pfefferkörner
1 Döschen Safran
1/2 Tl Zimt
Salz
3 El Olivenöl
2 Lorbeerblätter
125 ml trockener
Weißwein
5 Kartoffeln,
mehlig kochend
Schwarzer Pfeffer
aus der Mühle
1 Bund glatte Petersilie

INFO

*Dieses Gericht können
Sie bequem am Vortag für
Ihre Gäste zubereiten.*

Vorbereitung

Den Backofen auf 200 °C vorheizen. Zwei Zehen von der Knoblauchknolle abnehmen und die restliche Knolle für etwa 20 Minuten in der mittleren Schiene des Backofens auf dem Rost rösten. Das Fleisch in Würfel von 2 1/2 cm Kantenlänge schneiden.

Die Paprika putzen und in schmale Streifen schneiden. Die Tomaten mit heißem Wasser übergießen, schälen und achteln. Die Zwiebeln nach dem Schälen in Halbringe schneiden, die Möhren ebenfalls schälen und in Scheiben schneiden. Knoblauch pellen und mit den Pfefferkörnern in einem Mörser zerkleinern. Safran und Zimt hinzufügen. Den gerösteten Knoblauch aus den Schalen drücken und dazugeben, salzen und das Ganze zu einer Paste verrühren.

Zubereitung

Fleisch und Gemüse zusammen mit 100 ml Wasser, Olivenöl und Lorbeerblättern in einen großen Topf geben. Den Weißwein dazugießen und zugedeckt bei geringer Hitze ca. 90 Minuten köcheln lassen. Währenddessen die Kartoffeln schälen und in ebenso große Würfel schneiden wie das Fleisch. Etwa 20 Minuten vor Ende der Garzeit unter das Ragout mischen. Das Ragout abschmecken; die Petersilie fein wiegen und dazugeben.

Servieren

Das Andalusische Rindsragout in eine Terrine füllen und mit frischem Weißbrot servieren.

LAMMFLEISCH MIT PAPRIKA

Für 4 Personen
Zubereitungszeit: 30 Min./Brat- & Kochzeit: 60 Min.

Vorbereitung

Die Schalotten schälen und klein hacken. Die Paprikaschoten putzen, die Kerne und die weißen Häutchen entfernen und in Stücke schneiden.
Das Fleisch unter kaltem Wasser abwaschen, abtrocknen und in mundgerechte Würfel schneiden.

Zubereitung

In einem Bräter die Hälfte des Öls erhitzen und die Zwiebeln darin anschwitzen. Das Fleisch und die Paprikastücke dazugeben und alles anbraten. Mit Salz und Pfeffer würzen.
In der Zwischenzeit das restliche Öl erhitzen und die Weißbrotscheibe darin rösten. Herausnehmen und mit dem Essig beträufeln. Die Knoblauchzehen pellen, in kleine Stücke schneiden und zusammen mit der Petersilie, den zerkleinerten Lorbeerblättern und dem gerösteten Weißbrot in einem Mörser zu Mus zerstampfen.

Das Mus über das Fleisch geben, Wein und Wasser angießen, bis alles bedeckt ist. Alles etwa 1 Stunde schmoren lassen. Falls nötig, etwas Wasser nachgießen.

Servieren

Noch heiß mit einem kräftigen Bauernbrot servieren. Dazu schmeckt ein Glas kräftiger Rotwein.

ZUTATEN

3 Schalotten
2 grüne Paprikaschoten
1 kg Lammfleisch (Schulter)
4 El Olivenöl
Salz
Schwarzer Pfeffer aus der Mühle
1 Weißbrotscheibe
2 El Rotweinessig
2 Knoblauchzehen
1/2 Bund Petersilie, gehackt
2 Lorbeerblätter
250 ml Weißwein

INFO

Grüne Paprika schmeckt besonders intensiv, ist reich an Vitamin C und kalorienarm.

SUPPEN & EINTÖPFE

KNOBLAUCHSUPPE

KNOBLAUCHSUPPE

Für 4 Personen
Zubereitungszeit: 20 Min./Kochzeit: 35 Min.

Vorbereitung

Das Weißbrot in gleichmäßige Würfel schneiden. Knoblauch pellen und klein hacken. Die Chorizo in feine Würfel schneiden. Den Backofen auf 200 °C vorheizen.

Zubereitung

Das Olivenöl in einer Pfanne erhitzen und die Brotwürfel darin goldbraun braten. Die Knoblauchzehen dazugeben und anbraten. Der Knoblauch darf nicht zu dunkel werden, da er sonst bitter wird. Die Chorizo dazugeben und anrösten. Mit Paprika, Salz und Pfeffer würzen und die Gemüsebrühe angießen. Auf kleiner Flamme etwa 20 Minuten köcheln lassen. Die Suppe auf vier feuerfeste Suppentassen verteilen und in jede Tasse ein rohes Ei gleiten lassen. Im Backofen etwa 15 Minuten stocken lassen.

Servieren

Die Suppe mit der Petersilie bestreuen und heiß zu Tisch bringen. Dazu frisches Stangenweißbrot und einen frischen Weißwein servieren.

ZUTATEN

10 Scheiben altbackenes Weißbrot
10 Knoblauchzehen
150 g Chorizo
5 El Olivenöl
2 Tl Paprikapulver
Salz
Weißer Pfeffer aus der Mühle
1 l Gemüsebrühe
4 Eier
3 Tl glatte Petersilie, gehackt

INFO

Sollten Sie keine Chorizo bekommen, nehmen Sie ersatzweise eine Paprikasalami.

KRESSESUPPE

Für 4 Personen
Zubereitungszeit: 25 Min. (ohne Wartezeit)/Kochzeit: 85 Min.

ZUTATEN

200 g getrocknete weiße
Bohnen
2 Bund Brunnenkresse
200 g geräucherter Speck,
gewürfelt
1 Zwiebel, fein gehackt
7 Knoblauchzehen, gepresst
2 Tomaten, enthäutet
und gewürfelt
500 g Kartoffeln, gewürfelt
Salz
Pfeffer
1/2 Tl Kumin
1/2 Döschen Safran

Vorbereitung

*Die weißen Bohnen über Nacht
einweichen. Brunnenkresse von
den groben Stängeln befreien
und klein hacken.*

Zubereitung

*Den gewürfelten Speck in einem
Topf auslassen.
Zwiebel und Knoblauch dazu-
geben und anschwitzen. Die
Bohnen mit dem Einweichwas-
ser hinzugeben und etwa
1 Stunde leicht kochen lassen.
Tomaten und Kartoffeln unter-
heben und mit Salz, Pfeffer und
Kumin würzen. Alles noch wei-
tere 25 Minuten köcheln lassen.
Die Brunnenkresse (einige
Blättchen beiseite stellen)
mit dem Safran unter die
Suppe geben. Noch einige
Minuten köcheln lassen und
abschmecken.*

Servieren

*Die Kressesuppe in tiefe Teller
füllen und mit den restlichen
Kresseblättchen bestreut
servieren.*

INFO

*Dazu schmeckt ein
Löffel Mojo verde.*

ASTURISCHER BOHNENEINTOPF

Für 4 Personen
Zubereitungszeit: 25 Min. (ohne Wartezeit)/Kochzeit: 90 Min.

Vorbereitung

Die Bohnen waschen und über Nacht in reichlich Wasser einweichen. Das Fleisch waschen und trockentupfen. Die Kartoffeln schälen, waschen und in grobe Stücke schneiden.

Zubereitung

Die Bohnen mit dem Fleisch und dem Speck 1 Stunde kochen lassen. Die Kartoffeln zum Fleisch geben und weitere 30 Minuten kochen lassen. Mit Salz und kräftig mit Pfeffer würzen. Das Fleisch aus dem Topf nehmen, in mundgerechte Stücke teilen und wieder zurück in den Eintopf geben.

Servieren

Den Bohneneintopf in tiefen Tellern anrichten und möglichst heiß servieren.

ZUTATEN

200 g getrocknete weiße Bohnen
2 Schweinefüße
1 Schweineohr
200 g Schweinerippe
100 g geräucherter Speck
3 Kartoffeln
Salz
Pfeffer

ASTURISCHER BOHNENEINTOPF

INFO

Dieser kräftige, eiweißreiche und nahrhafte Eintopf ist die ideale Mahlzeit für besonders Hungrige.

GAZPACHO – KALTE GEMÜSESUPPE

Für 4 Personen
Zubereitungszeit: 25 Min. (ohne Wartezeit)

GAZPACHO – KALTE GEMÜSESUPPE

ZUTATEN

250 g Weißbrot,
ohne Rinde
500 ml Gemüsebrühe
500 g Fleischtomaten,
geschält, entkernt und
grob gehackt
1 Zwiebel, grob gehackt
1 Schlangengurke,
geschält, entkernt und
grob gewürfelt
1 rote Paprikaschote,
geputzt und
mundgerecht zerteilt
4 Knoblauchzehen
250 ml Olivenöl
Salz
Weißer Pfeffer
aus der Mühle
Rotweinessig

INFO

*Diese Suppe ist besonders
an heißen Sommertagen
ein Genuss.*

Vorbereitung:

*Das Weißbrot zerpflücken und
in eine Schüssel füllen. Mit
einem Viertel der Gemüsebrühe
begießen und für einige Zeit
ziehen lassen. Tomaten, Zwiebel, Schlangengurke, Paprika,
Knoblauchzehen und Olivenöl
in eine Küchenmaschine geben
und mit dem eingeweichten Brot
zu einer cremigen Masse mixen.*

Zubereitung:

*Portionsweise die Gemüsebrühe
unterarbeiten. Darauf achten,
dass die Gazpacho nicht zu
flüssig wird. Mit Salz und Pfeffer würzen, nach Geschmack
etwas Essig hinzugeben.
Die Gazpacho für mindestens
2 Stunden in den Kühlschrank
stellen.*

Servieren:

*Die Suppe in Suppentassen füllen und servieren. Als Beilage
reicht man geröstete Weißbrotwürfel, gehackte, hart gekochte
Eier oder fein gewürfeltes, rohes
Gemüse.*

KICHERERBSEN-EINTOPF

Für 4 Personen
Zubereitungszeit: 25 Min. (ohne Wartezeit)/Kochzeit: 80 Min.

KICHERERBSENEINTOPF

ZUTATEN

500 g Kichererbsen
1 Zwiebel
3 Knoblauchzehen
1 Möhre
500 g Tomaten
300 g Blattspinat
2 El Olivenöl
2 Lorbeerblätter
Salz
1 l Fleischbrühe
Schwarzer Pfeffer
aus der Mühle
3 hart gekochte,
klein gehackte Eier

INFO

*Sie können auch anstelle der
Fleischbrühe Gemüsebrühe
nehmen, dann ist das
Gericht vegetarisch.*

Vorbereitung

*Kichererbsen über Nacht in kaltem Wasser einweichen.
Zwiebel und Knoblauch schälen und fein hacken. Möhre putzen und in Scheiben schneiden.
Die Tomaten einschneiden, überbrühen, häuten und vierteln.
Den grünen Stielansatz entfernen. Spinat waschen und grob hacken. Dicke Stängel entfernen.*

Zubereitung

*Olivenöl in einem Topf erhitzen, Zwiebeln, Knoblauch und Möhren darin andünsten. Kichererbsen abgießen und mit dem Lorbeer dazugeben. Salzen und die Fleischbrühe angießen. Alles etwa 1 Stunde mit geschlossenem Deckel köcheln lassen.
Die Lorbeerblätter entfernen. Tomaten und Spinat unter die Kichererbsen mischen, mit Salz und Pfeffer würzen und weitere 20 Minuten köcheln lassen.
Den Eintopf nochmals abschmecken und gegebenenfalls nachwürzen.*

Servieren

Den Eintopf in Suppentellern anrichten und mit den gehackten Eiern bestreut servieren.

LINSENSUPPE

Für 4 Personen
Zubereitungszeit: 40 Min. (ohne Wartezeit)/Kochzeit: 55 Min.

Vorbereitung

Die Linsen über Nacht in Wasser einweichen. Die Knoblauchknolle im vorgeheizten Backofen bei 180 °C etwa 15 Minuten anrösten, herausnehmen und abkühlen lassen. Die Zwiebel schälen und mit dem Lorbeerblatt und den Nelken spicken. Tomaten einschneiden, überbrühen, pellen, Kerne entfernen und das Fruchtfleisch grob hacken. Paprikaschote putzen, Kerne entfernen und in Stücke schneiden. Kartoffeln schälen, waschen und in kleine Würfel schneiden.

Zubereitung

Olivenöl in einem Topf erhitzen. Tomaten und Paprika darin andünsten. Pimentón und Kreuzkümmel dazugeben und gut unterrühren. Mit 3/4 l Wasser aufgießen und die Linsen mit der gespickten Zwiebel hinzufügen.

Den gerösteten Knoblauch schälen, grob zerkleinern und untermischen. Kurz aufkochen und bei schwacher Hitze 45 Minuten köcheln lassen.
Die Kartoffeln etwa 20 Minuten vor Ende der Garzeit zu den Linsen geben. Die Chorizos in mundgerechte Stücke teilen und 10 Minuten mitköcheln lassen. Kurz vor dem Servieren die gespickte Zwiebel entfernen und alles mit Salz und Pfeffer abschmecken.

Servieren

Die Suppe in eine Suppenterrine füllen und mit einem frischen, würzigen Brot servieren.

ZUTATEN

500 g Linsen
1 Knoblauchknolle
1 Zwiebel
1 Lorbeerblatt
3 Nelken
4 Tomaten
1 gelbe Paprikaschote
3 Kartoffeln
3 El Olivenöl
1 Tl Pimentón
1 Prise Kreuzkümmel
4 Chorizos
Salz
Pfeffer aus der Mühle

INFO

Sie können auch Linsen verwenden, die Sie nicht einweichen müssen, dann sollten Sie aber die Garzeiten beachten.

69

GEMÜSESUPPE

Für 4 Personen
Zubereitungszeit: 20 Min. (ohne Wartezeit)/Kochzeit: 120 Min.

Vorbereitung

Die Bohnen über Nacht in kaltem Wasser einweichen.

Zubereitung

In 2 l Einweichwasser die Bohnen mit dem Schinkenknochen 90 Minuten köcheln lassen. Mit Salz, Pfeffer und dem Bohnenkraut würzen.

Den Schinkenknochen entfernen und das Gemüse sowie die Chorizos zu den Bohnen geben. Alles zusammen noch weitere 30 Minuten köcheln lassen. Nochmals abschmecken und gegebenenfalls nachwürzen.

Servieren

Die Gemüsesuppe in Suppenschalen füllen und dann heiß servieren.

ZUTATEN

300 g getrocknete weiße Bohnen
1 Schinkenknochen
(vom Serrano-Schinken)
Salz
Pfeffer aus der Mühle
1 El Bohnenkraut
100 g Möhren, geputzt und gewürfelt
500 g Kartoffeln, geschält und gewürfelt
250 g Spitzkohl, geputzt und in Streifen geschnitten
250 g Blumenkohl, geputzt und in Röschen geteilt
2 Chorizos, in Scheiben geschnitten

INFO

Spitzkohl ist mit Weißkohl verwandt, im Geschmack aber wesentlich feiner und milder.

GRÜNE SAUCE MIT KORIANDER

GESCHMORTES GEMÜSE

GESCHMORTE PAPRIKASCHOTEN

TORTILLA MIT SPINAT

GEMÜSEGERICHTE

GRÜNE SAUCE MIT KORIANDER

Für 4 Personen
Zubereitungszeit: 30 Min.

ZUTATEN

1/4 Tl Kreuzkümmel
4 Knoblauchzehen, geschält
1/2 Tl Meersalz
1 Bund Koriander
200 ml Olivenöl
Schwarzer Pfeffer
aus der Mühle
Essig

Vorbereitung

Kreuzkümmel, Knoblauch und Meersalz in einem Mörser miteinander vermahlen. Koriander waschen und gut abschütteln, die kleinen Blätter von den Stielen zupfen.

Zubereitung

Koriander in den Mörser geben, unter Rühren nach und nach das Olivenöl dazugeben. Alles zu einer homogenen Paste verarbeiten. Wenn nötig, noch etwas Wasser dazugeben. Mit Pfeffer und Essig abschmecken.

Servieren

Servieren Sie grüne Sauce mit Koriander zu Fisch-, Fleisch- und Geflügelgerichten.

GRÜNE SAUCE MIT KORIANDER

INFO

Koriander ist eines der ältesten Gewürze überhaupt und weltweit verbreitet.

GESCHMORTES GEMÜSE

Für 4 Personen
Zubereitungszeit: 25 Min./Kochzeit: 20 Min.

Vorbereitung

Tomaten einschneiden, überbrühen, häuten und grob zerkleinern. Zwiebel schälen und fein hacken. Knoblauch schälen und pressen. Paprikaschoten waschen, putzen, Kerne und weiße Häutchen entfernen. Zucchini waschen. Alles in etwa 2 cm große Stücke schneiden.

Zubereitung

Olivenöl in einem Topf erhitzen und die Zwiebel darin anschwitzen. Knoblauch dazugeben. Paprika und Zucchini in den Topf geben und kurz anschmoren. Tomaten dazugeben, mit Salz und Pfeffer würzen und im offenen Topf 20 Minuten bei schwacher Hitze köcheln lassen. Die Flüssigkeit sollte möglichst ganz verdampft sein.

Servieren

Das Gemüse kann heiß oder kalt als Beilage, aber auch als Hauptgericht mit Weißbrot gereicht werden.

ZUTATEN

750 g Tomaten
1 Zwiebel
5 Knoblauchzehen
2 grüne Paprikaschoten
500 g Zucchini
4 El Olivenöl
Salz
Schwarzer Pfeffer
aus der Mühle

GESCHMORTES GEMÜSE

INFO

Zucchini sind ein vitaminreiches Gurkengewächs.

75

GESCHMORTE PAPRIKASCHOTEN

Für 4 Personen
Zubereitungszeit: 40 Min. (ohne Wartezeit)/Bratzeit: 10 Min.

ZUTATEN

je 2 rote, grüne und gelbe
Paprikaschoten
14 El Olivenöl
6 Knoblauchzehen
5 Sardellenfilets
3 El Weißweinessig
Salz
Schwarzer Pfeffer
aus der Mühle

Vorbereitung

Die Paprikaschoten waschen, vierteln, die Kerne und die weißen Häutchen entfernen.

Zubereitung

In einer Pfanne 4 El Olivenöl erhitzen und die Paprikaviertel auf der Hautseite etwa 10 Minuten anbraten. Aus der Pfanne nehmen und abkühlen lassen. Die Haut abziehen und das Fruchtfleisch in Streifen schneiden. Auf einer Servierplatte auslegen. Die Knoblauchzehen mit einer Knoblauchpresse in eine Schüssel drücken. Sardellenfilets fein hacken und dazugeben. Mit restlichem Olivenöl, Essig, Salz und Pfeffer würzen und alles über die angerichteten Paprikastreifen geben. Die Paprikastreifen über Nacht im Kühlschrank marinieren lassen.

Servieren

Als Beilage zu Grillgerichten servieren.

GESCHMORTE PAPRIKASCHOTEN

INFO

Wenn Ihnen die grüne Paprika zu intensiv im Geschmack ist, können Sie auch nur rote verwenden.

TORTILLA MIT SPINAT

TORTILLA MIT SPINAT

Für 4 Personen
Zubereitungszeit: 30 Min./Bratzeit: ca.30 Min.

ZUTATEN

200 g frischer Blattspinat
750 g Kartoffeln
1 Zwiebel
1 rote Chilischote
100 ml Olivenöl
8 Eier
Salz
Schwarzer Pfeffer
aus der Mühle
1 Bund Schnittlauch

Vorbereitung

Den Spinat waschen, die Stiele entfernen und grob hacken. Die Kartoffeln waschen, schälen und in dünne Scheiben schneiden. Zwiebel schälen und klein hacken. Die Chilischote entkernen und ebenfalls fein hacken.

Zubereitung

Die Hälfte des Olivenöls in einer Pfanne erhitzen, Kartoffeln hineingeben und ca. 15 Minuten braten, bis sie gar sind. Kartoffeln aus der Pfanne nehmen und warm stellen.
2 El Olivenöl in die Pfanne geben und Zwiebeln und Chilischoten andünsten. Den Spinat dazugeben, 3 Minuten dünsten und aus der Pfanne nehmen. Eier in einer großen Schüssel aufschlagen, verquirlen, salzen und pfeffern. Das restliche Öl in der Pfanne erhitzen und die Eimasse stocken lassen. Kartoffeln und Spinatmischung darauf verteilen.

Die Tortilla bei schwacher Hitze etwa 10 Minuten in der Pfanne garen. Vorsichtig aus der Pfanne auf eine Servierplatte gleiten lassen und wie einen Kuchen in Stücke teilen.

Servieren

Vor dem Servieren die Tortilla mit feinen Schnittlauchröllchen bestreuen.

INFO

Die Tortilla kann warm oder kalt gegessen werden.

Reisgerichte

Paella Valencia

Paella mit Fisch

Reis mit Fisch

REISGERICHTE

PAELLA VALENCIA

PAELLA VALENCIA

Für 4 Personen
Zubereitungszeit: 45 Min./Kochzeit: 45 Min.

ZUTATEN

8 Geflügelbrüste
4 Tomaten
1 Zwiebel
2 Paprikaschoten
5 Knoblauchzehen
400 g Tintenfischringe
(TK-Produkt)
300 g Venusmuscheln
300 g Miesmuscheln
5 El Olivenöl
500 g Reis
Salz
1 Döschen Safran
300 g Gambas (Garnelen)
12 Kaisergranate
200 g Erbsen
(TK-Erbsen oder frische)
Oliven
1 Zitrone, unbehandelt

INFO

Die Paella kann auch mit Kaninchenfleisch oder magerem Schweinefleisch zubereitet werden.

Vorbereitung

Das Geflügelfleisch würfeln. Tomaten, Zwiebel, Paprikaschoten und Knoblauchzehen putzen und in kleine Stücke schneiden. Die aufgetauten Tintenfischringe säubern, in Stücke schneiden. Die Muscheln unter fließendem Wasser gründlich säubern und die Bärte von den Miesmuscheln entfernen.

Zubereitung

Das Olivenöl in einer großen Paellapfanne erhitzen. Die Fleischstücke darin von allen Seiten gut Farbe nehmen lassen. Das Gemüse zu dem Fleisch in die Pfanne geben und alles zusammen etwa 10 Minuten durchbraten. Tintenfischringe ebenfalls in die Pfanne geben. Den Reis dazugeben und mit so viel Wasser angießen, dass alles leicht bedeckt ist. Die Paella mit Salz und Safran würzen.

Die Muscheln auf den Reis geben und etwa 20 Minuten kochen. Die Gambas und die Kaisergranate mit den Erbsen hinzugeben und weitere 10 Minuten offen kochen lassen. Die Paella vom Feuer nehmen und einige Minuten ziehen lassen. Die Aromen entwickeln sich besser, wenn sie nicht ganz so heiß ist.

Servieren

Vor dem Servieren mit den Oliven und den Zitronenvierteln garnieren.

PAELLA MIT FISCH

Für 4 Personen
Zubereitungszeit: 30 Min./Kochzeit: 25 Min.

Vorbereitung

Olivenöl in einer Paellapfanne erhitzen, Schalentiere darin braten. Aus der Pfanne nehmen und beiseite stellen.

Zubereitung

Tintenfischringe unter kaltem Wasser abspülen, trockentupfen und mit den Tomatenwürfeln in das heiße Öl geben. Den Reis dazugeben, mit Salz und Pfeffer würzen und den Fischfond angießen. Safran mit etwas Fischfond verrühren und zu dem Reis geben. Alles etwa 15 Minuten kräftig kochen lassen. Gambas, Kaisergranate, Garnelen und die Muscheln auf dem Reis anrichten und weitere 10 Minuten köcheln lassen. Gegebenenfalls etwas von dem Fond nachgießen.

Servieren

Vor dem Servieren etwas ruhen lassen und mit den Zitronenvierteln dekorieren.

ZUTATEN

250 ml Olivenöl
12 Gambas
8 Kaisergranate
150 g Garnelen
200 g Tintenfischringe, naturbelassen (TK-Ware)
2 Tomaten, gehäutet und grob gehackt
2 1/2 Tassen Reis
Salz
Schwarzer Pfeffer aus der Mühle
1 l Fischfond
1 Döschen Safran
24 Miesmuscheln, vorgegart
2 unbehandelte Zitronen, geviertelt

INFO

Traditionell wird die Paella in Spanien im Freien gekocht.

PAELLA MIT FISCH

REIS MIT FISCH

REIS MIT FISCH

Für 4 Personen
Zubereitungszeit: 35 Min./Kochzeit: 35 Min.

Vorbereitung

Die Fische waschen, trockentupfen und in mundgerechte Stücke schneiden. Mit Zitronensaft säuern, salzen und pfeffern. Beiseite stellen und 10 Minuten ziehen lassen.

Zubereitung

Die gespickte Zwiebel in 1 l Wasser zum Kochen bringen und die Fischstücke hineingeben. Die Hitze reduzieren und den Fisch etwa 15 Minuten ziehen lassen. Aus dem Sud nehmen und warm stellen. Das Olivenöl erhitzen, den Knoblauch und den Reis darin anbraten. Den Fischsud angießen und mit Safran, Paprikapulver, Salz und Pfeffer würzen. Etwa 20 Minuten köcheln lassen, bis der Reis schließlich alle Flüssigkeit aufgenommen hat.

Servieren

Den Reis und den Fisch auf Tellern anrichten und noch warm servieren.

ZUTATEN

1,5 kg gemischter Fisch (Seehecht, Seeteufel oder Kabeljau), küchenfertig
2 El Zitronensaft
Salz
Pfeffer aus der Mühle
1 Zwiebel, gespickt mit Lorbeerblatt und
3 Gewürznelken
4 El Olivenöl
3 Knoblauchzehen, gehackt
500 g Reis
1/2 Döschen Safran
1/2 Tl Paprikapulver

INFO

Verarbeiten Sie ungeschälten Reis. Dieser ist unvergleichbar würziger im Geschmack als geschälter Reis.